Karin Szadkowski

Kieler Sprotten

Kulturgeschichte eines kleines Fisches

Husum

2. Auflage 2017

Gesamtherstellung: Husum Druck- und Verlagsgesellschaft
Postfach 1480, D-25804 Husum – www.verlagsgruppe.de

ISBN 978-3-89876-882-5

Vorwort zur 2. Auflage

Dieses Büchlein über die Arbeitswelt der Fischer und Fischräucherer von Eckernförde und Kiel-Ellerbek um die Jahrhundertwende am Beispiel der „Kieler Sprotten" entstand Mitte der 1990er Jahre im Rahmen meiner Magisterarbeit[1] im Fach Volkskunde an der Christian-Albrechts-Universität Kiel.

Im Frühjahr 1999 erschien dankenswerterweise die 1. Auflage, herausgegeben vom Verlagshaus Meincke GmbH in Norderstedt.

Lange Zeit war dieses Buch vergriffen. Daher freue ich mich umso mehr, dass es jetzt in leicht überarbeiteter Form in zweiter Auflage erscheint.

Ihnen, liebe Leser, wünsche ich am Beispiel eines kleines Fisches eine spannende Reise in die Geschichte von Fischerei und Fischräucherei an der Ostseeküste Schleswig-Holsteins.

Einführung

Bereits 1843 brachte es Theodor Mommsen im Liederbuch dreier Freunde zur Stadt Kiel auf den Punkt:
„Was wissen jetzt von dir die besten Geographen, als was dir ewig bleibt: dein Sprott, dazu der Hafen …“[2]

Auch heute noch gehören die „Kieler Sprotten“ in vielfältigen Formen zum Kieler und ganz besonders zum Eckernförder Stadtbild. Beide Städte sind eng mit der Geschichte dieses kleinen goldenen Räucherfisches verknüpft.

Ihre Blütezeit erreichte die Produktion der „Kieler Sprotten“ im Verlauf des Zweiten deutschen Kaiserreichs 1871–1918; in einer Zeit, als Bevölkerungswachstum, Industrialisierung und Verstädterung Schleswig-Holstein erfassten und sich Fischerei und Fischverarbeitung in Kiel resp. Ellerbek und Eckernförde zu eigenständigen Wirtschaftszweigen entwickelten.

Anhand von archivalischen Quellen[3] soll im Folgenden die goldene Zeit der Kieler Sprotten nachgezeichnet und Einblicke in die damalige Arbeitswelt rund um Fang, Verarbeitung und Verkauf dieses kleinen Fisches gegeben werden.

Die Sprotten in ihrem Element

Bei den Sprotten, von den Biologen „sprattus sprattus“ genannt, handelt es sich um 12 bis 15 Zentimeter große – oder eigentlich kleine – Fische, die mit Hering, Sardelle und Sardine verwandt sind. Von den jungen Heringen unterscheiden sich die Sprotten durch kleine Stacheln auf der Bauchunterseite. Ihr Verbreitungsgebiet erstreckt sich von der Biskaya über die Nordsee bis in die Ostsee hinein. Dem Sprott wird nicht nur von anderen Fischen, vor allem dem Dorsch und Lachs, denen er als Nahrung dient, sondern auch vom Menschen nachgestellt.

Der hohe Fettgehalt der aus der westlichen Ostsee stammenden Fische ist ausschlaggebend für seine Eignung als Räucherfisch und bestimmt die vorzügliche Qualität der Räucherware. Als „Kieler Sprotten“ gelten nur die Sprotten, die aus der westlichen Ostsee stammen und in Kiel und Eckernförde geräuchert worden sind. Von diesen unterscheiden sich die „Echten Kieler Sprotten“, die in der Kieler Bucht gefangen sein müssen.

Der Sprott (sprattus sprattus)

„Kieler Sprotten" in archivalischen Quellen bis 1870

Fische sind bekanntlich leicht verderblich. Die Konservierung von Fisch durch starkes Räuchern dürfte schon in der frühen Menschheitsgeschichte bekannt gewesen sein. In Ellerbek und Eckernförde erfolgte die Verarbeitung von Sprotten wahrscheinlich schon lange, bevor der Begriff „Kieler Sprotten" in archivalischen Quellen genannt wurde, denn die Heringsschwärme waren oft mit Sprotten durchmischt. Schon im Jahr 1665 werden die in der Kieler Förde gefangenen Breitlinge in der Festschrift zur Universitätsgründung genannt.[4] Die „Kieler Sprott" werden erstmals namentlich um 1786 bei Matthias Claudius als Proviant für *Urians Reise um die Welt* erwähnt.[5]

In den Schleswig-Holsteinischen Provinzialberichten wird 1790 dargestellt:

„Der **Breitling**, (Brätling, Culpea sprattus Linn., Sardine, Sprotte) wird bekanntlich an den ostseeischen schleswig-holsteinischen Küsten, besonders in der Nachbarschaft von Kiel, in grosser Menge gefangen und sowol frisch und eingesalzen als geräuchert vorzüglich von den Ellerbecker Fischern reichlich und zu wohlfeilem Preise feil getragen. Geräuchert wird er in grossen Quantitäten nach Hamburg und weiter verschickt und ist auswärts unter dem Namen **Kieler Spotten** berühmt, …"[6]

Für die folgenden Jahre lassen sich vereinzelt Hinweise in Topographien, Reiseberichten und Stadtführern finden. So schreibt Ernst Willkomm 1850, dass „die Kieler den Fang jener kleinen, zarten und wohlschmeckenden Breitlinge, die als Kieler Sprotten weit und breit berühmt sind"[7] den Ellerbecker Fischern verdanken. In seinem Werk *Schleswig-Holstein Meerumschlungen* berichtet Adelbert Graf Baudessin 1864 von dem „ ... Dorf Ellerbeck, daß vorzugsweise von Fischern bewohnt wird, die im Kieler Hafen manch leckeren Fisch, besonders aber die weit und breit berühmten 'Sprott' fangen, …"[8].

In den Stadtführern Kiels werden die Kieler Sprotten immer wieder erwähnt. Beispielsweise wird im Jahr 1858 ein

Ausflug in das Fischerdorf Ellerbek empfohlen, wo die „weltberühmten Kieler Sprotte“[9] gefangen und geräuchert werden. Im Jahr 1867 weist M. Heinrich Fack in seinem Führer darauf hin, dass das Geschäft mit dem Sprott bedeutend sei. Bereits in dieser Zeit wurden nicht nur „die in Ellerbeck gefangenen Fische, sondern auch die von Eckernförde, Cappeln und selbst von den dänischen Inseln“[10] eingeführten hier verarbeitet. C. F. Haeseler beschreibt 1878 einen Ausflug in die Umgebung Kiels an der Kaiserlichen Werft entlang auf der „Chaussee, die uns in den oberen Theil des aus dem Fischerdorf, wo die weltberühmten Kieler Sprott geräuchert werden, zu einem Städtchen herangewachsenen Ellerbeck ...“[11] führt. Er liefert dem interessierten Besucher bei seiner Beschreibung der Aussicht „auf das durch seinen Heringsfang und seine Räuchereien – Kieler Sprott – weit bekannte Ellerbeck“[12] auch Informationen über die Sprotten („1872 wurden während 3 Wochen täglich etwa 240 000 Sprotten gefangen, ...“)[13]. Bis in die zweite Hälfte des 19. Jahrhunderts hinein wird die Fischerei und Räucherei an der Kieler Förde hauptsächlich von Ellerbek aus betrieben, deren Anwohner „... einen schwunghaften Handel mit geräucherten Fischen, unter denen die **Kieler Sprotten** weltberühmt sind“[14], betreiben.

In Eckernförde gab es zu dieser Zeit bereits ebenfalls zahlreiche Fischerfamilien und Fischräuchereien, die ihre Produkte über die Stadtgrenze hinaus verkauften. Johannes von Schröder schreibt 1854 dazu: „Die Seefischerei ernährt inzwischen 60 und 70 Familien; sie liefert besonders Dorsche, Makrelen, Heringe, Bütten, Breitlinge (geräuchert unter dem Namen Sprotten bekannt), Muscheln und Krabben, von denen ein großer Theil an die nahe gelegenen Städte verkauft wird.“[15]

Um die Mitte des 19. Jahrhunderts erscheinen erste Anzeigen von Fischräuchereien in den Tageszeitungen Kiels, in denen „Kieler Sprotten“ zum Verkauf angeboten werden. Wer auf diese Anzeigen hin Kieler Sprotten gekauft hat, ist nicht belegt. Wie und zu welchen Gelegenheiten sie gegessen wurden, lässt sich jedoch anhand einiger Hinweise aufzeigen.

„Kieler Sprotten“ als Nahrungsmittel

Der Seefisch spielte am Anfang des 19. Jahrhunderts als Nahrungsmittel nur für die Küstenstädte, in denen er angelandet und verkauft wurde, und für die jeweilige Umgebung eine Rolle. In den Küstenstädten der schleswig-holsteinischen Ostseeküste kamen je nach Jahreszeit Heringe, Makrelen, Aale, Dorsche, Steinbutt und Schollen auf den Markt. Außerdem gab es Krabben und die an Pfählen aufgezogenen Muscheln. Einige Fischarten, u.a. die Sprotten, besaßen als Frischware so gut wie keinen Wert, eigneten sich jedoch hervorragend für die Verarbeitung und kamen als Räucherware in den Handel.

Zusätzlich lieferte die Binnenfischerei aus den Flüssen und Seen einige Süßwasserfische wie den Karpfen, der in der Weihnachtszeit ein begehrter Fisch war. Jedoch liegt es auf der Hand, „..., daß der Handel mit frischen, zubereiteten und lebenden Fischen in den Zeiten der Postkutsche (...) keine Bedeutung erlangen konnte.“[16] Dem Binnenländer waren daher nur die relativ teuren Süßwasserfische bekannt, die der Oberschicht vorbehalten waren.

Fischerhafen in Kiel um 1900

Im Laufe des 19. Jahrhunderts veränderte sich mit der zunehmenden Bevölkerung und der fortschreitenden Industrialisierung und Verstädterung die Lebens-, Arbeits- und somit auch die Ernährungsweise. Besonders notwendig schien die Suche nach einem gesunden Volksnahrungsmittel, das dem Fleisch im Eiweißgehalt ähnlich, aber dennoch wesentlich billiger war. In der Fischerei sah man diese Produktionsquelle, um die einheimische Landwirtschaft zu unterstützen. Die sich vom Boden und damit der Eigenproduktion gelöste Arbeiterschaft war auf den käuflichen Erwerb der Nahrung mit Hilfe des Geldes angewiesen. Besonders in den großen Küstenstädten aßen die Arbeiter, die sich aufgrund ihres Verdienstes nur selten Fleisch leisten konnten, täglich Heringe. Der Fisch, speziell der Hering, bürgerte sich damit als Arme-Leute-Essen ein.

In den letzten Jahren des 19. Jahrhunderts entwickelte sich die deutsche Nordseefischerei mit ihren dampfbetriebenen Hochseekuttern zu einer leistungsfähigen Fangflotte. Der Seefischkonsum steigerte sich bis zum Ersten Weltkrieg, unterstützt durch die Verbesserung der Transportmöglichkeiten

Kieler Fischmarkt um 1908

durch die Eisenbahn und durch eine gezielte Propaganda des Deutschen Seefischerei-Vereins beträchtlich, obwohl die Skepsis dagegen, bedingt durch den bis dahin oft schlechten Zustand der Seefische nach langen Transportwegen, bei der binnenländischen Bevölkerung weiterhin bestehen blieb. Doch die allgemein steigenden Fleischpreise im Deutschen Reich leisteten ebenfalls einen Beitrag zur Einführung sowohl des frischen als auch des zubereiteten Fisches als Volksnahrungsmittel. Während die Versorgung des Binnenlandes über die Nordseehäfen erfolgte, bediente die Ostseefischerei hauptsächlich die örtliche Bevölkerung sowie die ansässige Fischverarbeitungsindustrie.

Die Ernährung in den Küstenstädten Schleswig-Holsteins war um die Jahrhundertwende noch recht einheitlich. Zum größten Teil verwendete man einheimische Produkte, obwohl auch einige ausländische Spezialitäten in den Geschäften der Städte angeboten wurden. Für die Ernährung der ländlichen Bevölkerung hatte dabei der Fisch, bis auf den billigen Salzhering, so gut wie keine Bedeutung. Die gutsituierten Bürger verzehrten in der Hauptsache Fleischgerichte mit Kartoffeln und unterschiedlichen Gemüsen, zudem Geflügel, Obstsuppen und Fruchtgrützen sowie Mehl- und Milchspeisen, um nur einiges zu nennen. Als Zwischenmahlzeit und zum Abendbrot wurden oft Butterbrote gegessen. Aber auch frische Fische kamen auf den Tisch, vor allem am Freitag, dem Fastentag. Diese wurden meist lebend gekauft und erst in der Küche geschlachtet, „tote Seefische kaufte damals ein Kieler nicht“[17]. Im Gegensatz dazu konnten sich die weniger bemittelten Bevölkerungsschichten den regelmäßigen Fleischkonsum gar nicht leisten. Die Werftarbeiter Kiels kauften in der Mittagspause daher oft die in den Ellerbeker Fischräuchereien bei der Produktion anfallende Ausschussware, den sogenannten Bruchfisch.

Wie preiswert das Angebot an sowohl frischen also auch verarbeiteten Fischen um 1880 war, zeigt eine von der Firma Ivens aus Kiel erhaltene Preisliste. Ein Bückling kostete demnach sechs Pfennige und die 10-Pdf.-Kiste Kieler Sprotten, in

Fischräucherei und Fisch-Export

von

H. Jvens,

Kiel a. d. Ostsee.

Versand von marinirten, frischen und geräucherten

See-Fischen

sowie

Conserven etc. etc.

Kiel.

Druck von Schmidt & Klaunig.

1880.

Preisliste der Fischräucherei Ivens aus Kiel von 1880

Tagespreise ohne Verbindlichkeit mit Packung ohne Porto.

	M.
Speckaale, mittel und kleine (immer vorräthig), in Kisten von 4 und 8 Pfund netto, à Pfund	1,—
Makrelen, sehr wohlschmeckend (Juli bis Octbr.), in Kisten von 10 Pfund brutto, à Stück 1/3—1/2 Pfund, à Stück	—,50
Prima Kieler Sprotten (Septbr. bis Ende Mai), pr. Kiste von 10 Pfund brutto 4—500 Stück enthaltend	5,—
pr. Kiste von 7 1/2 Pfund brutto 3—350 Stück enthaltend	4,—
in kleinen hübsch etiquettirten Kisten (4 kleine Kisten 1 Colli) 80—100 Stück enthaltend, à Kiste	1,—
Secunda Sprott (Septbr. bis Ende Mai) à Kiste von 10 Pfund brutto	3,—
Kleine Seedorsch, geräuchert (Septbr. bis Ende Mai) pr. Kiste von 10 Pfund brutto ca. 40 Stück enthaltend	2,50
Geräucherter Lachs (immer vorräthig),	
„ „ Bornholmer, à Pfund	2,50
„ „ ff. Halmstädter, à Pfund	3,—
Geräucherter Lachshering (immer vorräthig), à Kiste 10 Pfund brutto ca. 30 Stück enthaltend	3,25
Geräuchertes Störfleisch (von Mai bis October), à Pfund	—,70

Aufträge, die nicht sofort effectuirt werden können, betrachte ich so lange in Kraft bestehend, bis nicht ausdrückliche Abbestellung erfolgt ist.

Preisliste der Fischräucherei Ivens aus Kiel von 1880

der 400 bis 500 Stück enthalten waren, belief sich auf fünf Mark. Es ergibt sich somit ein Einzelpreis von einem Pfennig pro geräuchertem Sprott.

Im Vergleich dazu kostete im gleichen Jahr in Kiel ein Ei sechs Pfennige; für jeweils ein Kilo Weizenmehl waren 35 Pfennige, für Rindfleisch 1,35 Mark und für Butter 2,48 Mark zu bezahlen. Die Kieler Sprotten waren also vom Preis her, aber auch hinsichtlich der auf den Markt gebrachten Mengen ein „echtes" Volksnahrungsmittel, dazu schmackhaft und gehaltvoll.

Aus der Tatsache, dass die Stadt Kiel 1844 an das Eisenbahnnetz angeschlossen worden war und sich in den folgenden 60er Jahren Anzeigen für den Versand von Kieler Sprotten finden lassen, lässt sich schließen, dass sich diese und andere geräucherte Fische einen Raum auf den binnenländischen Märkten eroberten, als man sich gegen frische Seefische noch ablehnend verhielt. Man verzehrte die geräucherten Sprotten zum Frühstück und besonders zum Abendbrot recht gern, da sie keiner besonderen Zubereitung bedurften und sowohl schmackhaft als auch bekömmlich waren. Die von den Fischräuchereien produzierten Massenartikel waren um die Hälfte billiger als Fleisch und enthielten eine ähnliche Menge an Eiweiß und Nährstoffen.

Auf welche Art nun die Kieler Sprotten gegessen wurden, wird von einem Zeitgenossen dargestellt. Adelbert Graf Baudissin beschreibt 1864:

„Frischgeräucherte Sprott sind eine Delikatesse; man bricht ihnen den Kopf ab, zieht die Haut weg, entfernt die Gräten und legt den Rest auf Schwarzbrot, das mit frischer Maibutter bestrichen ist, und wer sich vor Indigestionen nicht fürchtet, treibt dieß kindliche Spiel länger fort, als sich mit der Rücksicht auf die Damastserviette der Hausfrau verträgt."[18]

Und der Reim „... Kopp un Stert is ok nix wert"[19] bestätigt, dass zumindest Kopf- und Schwanzteil des Räucherfisches in der Regel nicht mitgegessen wurden. Ob man die Gräten entfernte oder nicht, blieb jedem selbst – je nach eigenem Geschmack – überlassen. Da die Kieler Sprotten als Zuspeise zum Butterbrot gegessen wurden und keiner weiteren Zubereitung bedurften, werden sie in den Kochbüchern nur selten aufgeführt. Die Verzehrvariante „in Stückchen zerpflückt und unter Rühreier gemischt“[20] ist eine der anderen Möglichkeiten.

Von Baudissin als Delikatesse bezeichnet, beschreibt auch der Jurist Geert Seelig die Kieler Sprotten als die am höchsten stehenden Räucherfische. Dass auch Kreise wie der Großherzog Johann Albrecht und Kaiser Wilhelm II. dieses wohlschmeckende Fischprodukt aus Kiel bestellten – ob sie es tatsächlich aßen, lässt sich heute nicht mehr nachweisen –, belegt ein Briefwechsel zwischen diesen Höfen und dem Fischräucherer und Hoflieferanten Claus Theede aus Ellerbek.

Dass es sich bei den Kieler Sprotten um eine besonders schmackhafte Ware handelte, scheint hiermit eindeutig belegt. Wären zu dieser Zeit die Sprottenschwärme nicht in derartigen Massen, sondern eher selten aufgetreten, wäre das Räucherprodukt wahrscheinlich wesentlich teurer und somit nur für besser gestellte Kreise bezahlbar gewesen. Anhand der Preisliste von 1880 wird aber deutlich, dass sie, zumindest in den Stätten der Herstellung, wo auf den Grundpreis nicht auch noch Transportkosten aufgeschlagen werden mussten, für alle Bevölkerungsschichten erschwinglich waren.

Bis auf die zeitgenössische Aussage, dass „Kieler Sprott (…) im Inlande von Feinschmeckern geschätzt“[21] waren, lässt sich anhand des Quellenmaterials wenig darüber sagen, welche Personengruppen im Binnen- oder Ausland Kieler Sprotten gekauft haben. Eine relativ sichere Beschreibung, wie die Sprotten in Eckernförde und Kiel-Ellerbek gefangen, zubereitet und verkauft wurden, lässt sich jedoch rekonstruieren und soll im Folgenden geschehen.

Zur Küstenfischerei an der Ostküste Schleswig-Holsteins

Die Fischerei an der schleswig-holsteinischen Ostseeküste wurde aufgrund der günstigen Küstenbeschaffenheit, die einen leichten Zugang zum Wasser gewährleistete, von zahlreichen kleinen Stationen aus betrieben. Zum Schutz vor Unwetter mussten die Fischer ihre Fahrzeuge mühsam an den Strand ziehen. Daher war ein Ausbau der Fischerei in bedeutenden Ausmaßen nur an Stellen denkbar, an denen geschützte Liegeplätze bei ausreichender Wassertiefe vorhanden waren.

Im Herbst, Winter und Frühjahr wurden Hering, Sprott und Dorsch gefangen und von den Ellerbeker und Eckernförder Fischern zusätzlich Muscheln gezüchtet. Im Sommer fischte man hauptsächlich Goldbutt, Makrelen und Aal und, bis zu ihrem Ausbleiben um 1900, die Ostseekrabben. Bis zur Mitte des 19. Jahrhunderts beherrschten kleine, noch offene Jollen und Kähne, die nur für den Gebrauch in unmittelbarer Nähe der Küste verwendbar waren und mit Hilfe von Ruder- oder Segelkraft angetrieben wurden, das Bild der Fischerfahrzeuge. Im Gegensatz zu der von den Nordseehäfen und einigen Häfen Pommerns, Ost- und Westpreußens sowie Dänemarks mit Hilfe der Motorkraft betriebenen Fischerei, zeigte sich die Küstenfischerei der schleswig-holsteinischen Ostküste außerordentlich rückständig. Erst die dortige Einführung des Motors um 1900 bildete für die Fischerbevölkerung einen geschichtlichen Wendepunkt, der im Laufe der Zeit zu wirtschaftlicher und kultureller Bedeutung führte.

Die Fischereien Ellerbeks und Eckernfördes entwickelten sich mit der Zeit zu einer führenden Position an der gesamten schleswig-holsteinischen Ostseeküste. Dieses Wachstum war eng mit der allgemeinen wirtschaftlichen und sozialen Entwicklung der Provinz Schleswig-Holsteins im Zuge des Zweiten deutschen Kaiserreichs der Jahre 1871 bis 1918 verbunden. Die geografische Lage Ellerbeks in unmittelbarer und Eckernfördes in näherer Umgebung zu Kiel bedeutete außerdem eine direkte Verzahnung mit der Entwicklungsgeschichte der Stadt. Diese besaß schon um 1800 keine eigene Fischerei mehr und wurde durch die Produktion des nahe gelegenen Fischerdorfes Ellerbek und anderer kleiner Ansiedlungen entlang der Kieler Förde versorgt. Im Zuge der wirtschaftlichen und sozialen Entwicklung in der Region um die Stadt Kiel und durch den Fortschritt der verkehrstechnischen Anbindung an das übrige Deutsche Reich mit Hilfe der Eisenbahn setzte in der Fischerei und Fischverarbeitung in Kiel-Ellerbek und Eckernförde in der zweiten Hälfte des 19. Jahrhunderts ein Wachstum ein, das um die Jahrhundertwende seinen Höhepunkt erreichte und das gesamte Wirtschaftsleben der Gemeinde, bzw. der Stadt, das Bild der Siedlung und die Zusammensetzung der Bevölkerung beherrschte.

Sowohl in Ellerbek als auch in Eckernförde gehörte die Fischerei zu den ältesten Erwerbszweigen. Bis zur Mitte

Ellerbeker und Wellingsdorfer Fischer an der Seegartenbrücke in Kiel

des 19. Jahrhunderts spielte sie jedoch nur eine untergeordnete Rolle. Seit dieser Zeit entwickelte sich Eckernförde zum bedeutendsten Fischereistandort an der schleswig-holsteinischen Ostküste. Erst nach der Jahrhundertwende begann ein allmählicher Rückgang der Beschäftigtenzahl im Fischereigewerbe Eckernfördes. Die Zahl der Berufsfischer sank von 250 im Jahre 1890 auf 120 im Jahre 1913. Einen ähnlichen, jedoch nicht ganz so prägnanten Fortgang nahm auch die Fischerei Ellerbeks. Im Gegensatz zu Eckernförde war dieser unmittelbar durch die Auswirkungen der Stadtentwicklung des nahe gelegenen Kiels sowie durch strukturelle Veränderungen innerhalb der Gemeinde in der zweiten Hälfte des 19. Jahrhunderts geprägt. Die Fischereibevölkerung Ellerbeks, von der sich einige Familien bis in die Zeit um 1600 zurückverfolgen lassen, musste im Verlauf des Zweiten deutschen Kaiserreichs einige schwerwiegende Rückschläge hinnehmen. Das bis in diese Zeit fast ausschließlich von Fischern bewohnte Dorf, welches bis zur Eingemeindung in das Kieler Stadtgebiet im Jahre 1910 zum Kreis Plön gehörte und damit in den Verwaltungsbereich des Klosters Preetz fiel, musste nicht nur einen Teil seines Gebietes zur Anlage der späteren Kaiserlichen Werft abtreten, sondern verlor später sogar den Zugang zur Kieler Förde. Die Bewohner der abzureißenden Fischersiedlung wurden deshalb im benachbarten Wellingdorf an der Schwentinemündung angesiedelt. Die für die zahlreichen hinzugezogenen Werftarbeiter im übrigen Bereich der Gemeinde Ellerbek gebauten Wohnhäuser gaben dem Dorf eine völlig neue Zusammensetzung. Doch auch das traditionelle Fanggebiet, der Kieler Hafen, das im Laufe der Zeit wesentliche Einschränkungen durch Marineanlagen, Schiffsliegeplätze und Schießübungen sowie Einleitungen von Abwässern der heranwachsenden Stadt erfahren hatte, stand den Ellerbeker Fischern nur noch eingeschränkt zur Verfügung. Es war ihnen daher kaum noch möglich, dem Beruf in der altgewohnten Weise nachzugehen.

Ellerbeker Fischer beim Fischmarkt um 1905

Die Lebensverhältnisse der schleswig-holsteinischen Küstenfischer waren noch bis in die zweite Hälfte des 19. Jahrhunderts eher ärmlich. Die Abhängigkeit von Wetter, Fangmenge und den ständig schwankenden Absatzmöglichkeiten ließ in ihrer Unberechenbarkeit keinen einheitlichen Monatslohn erwarten. Zusätzlich kamen Einnahmeeinbußen im Winter oder bei Verlust des Fischereigeräte im Sturm hinzu. In solchen Zeiten musste auf Ersparnisse zurückgegriffen werden. Besonders eine Familie mit vielen Kindern oder einem zusätzlich zu versorgenden Altenteil traf diese Zeit hart. Da die größeren Familien meist von der Hand in den Mund lebten, bot sich ihnen kaum die Möglichkeit, für das Alter etwas Geld zurückzulegen.

Im Allgemeinen halfen alle Familienmitglieder bei der Ausübung der Fischerei in irgendeiner Weise mit. Während die Männer den Fang der Fische übernahmen, war es Aufgabe der Frauen, diese zu sortieren und auf den Märkten oder in den Straßen zu verkaufen. Während die älteren Söhne in der Regel mit dem Vater zum Fang ausfuhren, war auch die Mitarbeit der kleineren Kinder an Land selbstverständlich. Sie halfen oft beim Schietpulen mit, d. h. dem Entfernen von Algen und kleinen Krebsen, die sich in den Netzen verfangen hatten.

Bevor 1867 die preußischen Kinderschutzgesetze auch für die Provinz Schleswig-Holstein gültig wurden, war die Mitarbeit der Kinder, die in vielen Fällen aus ökonomischen Gründen notwendig war, selbstverständlich. Auch in Ellerbek war es in der Mitte des 19. Jahrhunderts üblich, dass der Schulbesuch keineswegs so war, wie er sein sollte. Im Winter wurde der Unterricht nur unregelmäßig abgehalten und im Sommer fehlten die meisten Schüler ganz.

Der Ellerbeker Lehrer Kolls berichtet 1862:

„Die allermehrsten Mitglieder der Schulgemeinde sind Fischer und Fischräucherer, sehr brave Menschen und gute Christen und bei diesen Geschäften können und müssen die heranwachsenden Kinder den Eltern helfen. Ein 10- oder 12jähriges Kind kann bei diesen Arbeiten, namentlich beim Angeln, Räuchern und Strikken der Netze, soviel schaffen als ein Erwachsener. Daher, je mehr Fische hier gefangen, oder von Auswärts, Corsör, Flensburg, Cappeln, Eckernförde u.s.w. zugeführt werden, und das sind allein an Häringen und Sprotten viele Millionen, je schlechter ist der Schulbesuch. Die localen Verhältnisse sind hier der Art, daß sehr viel verdient werden muß, um leben zu können.“[22]

Obwohl der Beruf des Fischers für die Kinder schon im frühen Alter begann, boten ihnen der Strand und das Meer – ihr spätere Arbeitswelt – auch zahlreiche Möglichkeiten zum Spielen. Beliebt waren neben dem Baden im Sommer und dem Schwimmenlassen von selbstgebauten kleinen Booten auch das Umhertollen zwischen den zum Aufhängen der Netze am Strand aufgestellten Holzpfählen, den Stütten, von denen dabei auch schon einmal einer in die Brüche ging. Bezeichnend für den Stand der Fischerbevölkerung war es je-

Ellerbeker Fischerjunge in Fischertracht um 1925

doch, dass die Fischerkinder meist für sich spielten und nicht zusammen mit den Kindern der übrigen Dorfbewohner, mit denen sie daher wenig Berührung hatten.

Eigentliche Ruhetage gab es für die Fischer nicht. Nur durch die Fischereivereine wurden bestimmte Tage, wie der erste Weihnachtstag, der Neujahrstag oder der erste Ostertag festgelegt, an denen kein Fischer zum Fischen ausfahren durfte. Unfreiwillige Pausen traten durch Stürme oder starken Frost auf, in denen es durch Reparaturen an den Booten oder Geräten jedoch genug zu tun gab. Die harten Arbeitstage der Fischer ließen für Freizeit im Allgemeinen wenig Raum.

Der Fang der Sprotten

Laut Fischereigesetz vom 30. Mai 1874 wurde unter Fischfang der Fang von Fischen, Krebsen, Muscheln und anderen nutzbaren Wassertieren verstanden, soweit sie nicht Gegenstand des Jagdrechts waren. Die Fischerei auf Sprott erfolgte ausschließlich in der Wintersaison. Diese begann traditionell in der letzten Hälfte des Septembers und endete im Frühjahr am Anfang des Monats Mai.

Die für die Sprottfischerei verwendeten Wadboote lagen den Sommer über auf den Lagerplätzen und wurden erst zum Wechsel von der Sommer- zur Winterfischerei ins Wasser gelassen. Sie hatten eine Länge von acht bis zehn und eine Breite von von zweieinhalb Metern und waren aus Eichen- oder Buchenholz, meist in Klinkerbeplankung, hergestellt. Im hinteren Teil des Bootes, dem Heck, wurde das große Zugnetz, die Wade, gelagert. In der Mitte des Schiffes war eine Winde eingebaut, die zum Einholen des ausgeworfenen Netzes diente. Unter dem mittleren Sitzbrett befand sich eine Holzmulde,

Eckernförder Wadboot um 1900

in die die aus den Netzen geborgenen Fische geworfen wurden. Diese Mulde fasste bis zu 800 Wall Sprotten (1 Wall = 80 Stück). Die Fahrzeuge waren in der früheren Zeit ganz offen, also ohne irgendeine Art Decksbeplankung. Die Fischer waren daher nicht nur dem Wind, dem überkommenden Spritzwasser, sondern auch Regen, Schnee und Kälte ohne Schutz ausgesetzt. Ganz gedeckte Fahrzeuge mit einem Ruderhäuschen, sogenannte Kutter, setzen sich erst nach dem Ersten Weltkrieg durch.

Fortbewegt wurden die Wadboote bis in die Jahre nach 1900 bei Windstille mit Riemen, also durch das Rudern der Fischer, ansonsten durch die Kraft des Windes mit Hilfe der Segel. Die Segel waren aus Baumwolle hergestellt und zur Haltbarmachung in eine Catechou-Lösung, einer Art Gerberlohe, getränkt. Dieses Konservierungsmittel gab dem Stoff eine dunkelbraune Farbe. Durch die Beschaffenheit der Boote, deren Seetüchtigkeit nicht für die offene See, sondern nur für die Küstenregionen ausreichte, waren die Fischer an die nähere Umgebung gebunden. Zum Teil zog es sie jedoch in die benachbarten Buchten, wenn dort gute Sprottenfänge zu erwarten waren.

Erst nach der Jahrhundertwende bedeutete der Einsatz skandinavischer Motoren für die Küstenfischerei eine bahnbrechende Neuerung. Während die Motorkraft am Anfang nur als Hilfe zu den Segeln bei Windstille oder Gegenwind gedacht war, wurde die Maschine bald unentbehrlich. Durch diese Innovation sowie durch den Bau größerer und sicherer Boote konnten die Fischer nun auch neue und entfernter liegende Fanggebiete erschließen.

Was die für den Sprottfang verwendeten Fanggeräte betraf, so blieb man lange Zeit bei den traditionellen Netzformen. Die schon seit den zwanziger Jahren des 19. Jahrhunderts für den winterlichen Herings- und Sprottfang benutze Wade kam bis 1890 fast ausschließlich zur Anwendung. Die Wade bestand aus zwei mächtigen Leitnetzen von ca. 125 Metern Länge und einer Tiefe von etwa 22 Metern, den sogenannten

Flügeln. An jedem Ende der Flügel war eine lange Leine befestigt, mit deren Hilfe das Netz ins Boot gezogen wurde.

Die Oberkante des Netzes wurde durch eingearbeitete Korkstücke über Wasser gehalten. In der Unterkante waren schwere Steine befestigt, die das Netz in die Tiefe zogen und so eine regelrechte Netzwand im Wasser entstehen ließen. Zwischen den beiden Flügeln befand sich ein Netzsack, der Hamen.

Zum Fischen mit der Wade waren zwei Fahrzeuge mit je drei Mann Besatzung notwendig. Im Laufe des Abends trafen sich die beiden gemeinsam fischenden Boote am vereinbarten Fangplatz, dem sogenannten Wadenzug. Dort verband man die Leinen des Netzes, das auf einem der beiden Fahrzeuge transportiert wurde, mit beiden Booten und ruderte in leichtem Bogen parallel zum Ufer, bis das Netz vollkommen ausgelegt und die Zugleine von den Winden abgerollt war. Die beiden Boote wurden nun mit Hilfe der Anker nahe beieinander festgelegt, und man begann mit dem Einbringen des Netzes. Auf Zuruf holten zwei Mann die Leinen über die Winden ein, bis die Flügel die Fahrzeuge erreichten und an

Wade (Im Gegensatz zum hier abgebildeten Treibnetz muss man sich bei der Wade die Oberkante des Netzes auf der Wasseroberfläche schwimmend vorstellen. Die Form des Netzes ist jedoch gleich.)

Auslegen der Wade (hier unter Segeln)

Bord gezogen werden konnten. Die Fische wurden in die Mulde der Boote geworfen und die Wade wieder klargelegt. Je nach Fangmenge tätigte man noch zwei bis drei Züge.

Das Stellnetz, eine neue Netzart, das bei den norwegischen Fischern bereits seit Jahren in Anwendung war, fand bei den Eckernförder und Ellerbeker Fischern erst um 1890 Eingang. Die Stellnetze hatten eine Länge von 40 bis 50 und eine Tiefe von etwa drei Metern. Im Gegensatz zu den Waden wurden sie am Fangplatz fest verankert, sodass sie eine stehende Netzwand im Wasser bildeten. Mit der Einführung der Ringwade im Jahre 1918, einer weiteren Innovation aus Dänemark, fand der erste Abschnitt der Herings- und Sprottfischerei an der schleswig-holsteinischen Ostseeküste seinen Abschluss.

Alle Netze wurden bis in die zweite Hälfte des 19. Jahrhunderts aus Hanfgarnen von den Fischern selbst hergestellt. Das ganze Jahr über arbeiteten Frauen, Männer und Kinder am Knüpfen der neuen oder an der Reparatur der alten Netze. Meist stellte jede Familie ihr eigenes Gerät her. Maschinell gefertigte Netze wurden erst die Regel, als 1873 die erste kontinentale Netzfabrik in Itzehoe in die Produktion ging. Sie belieferte auch die Eckernförder und Ellerbeker Fischer mit maschinell hergestellten Netzen aus Hanf sowie aus einem neuen Werkstoff, der Baumwolle. Bis um 1900 hatte sich dann die Innovation der maschinell hergestellten Netze aus Baumwolle fast vollständig durchgesetzt. Durch die Intensivierung ihrer Fangfahrten waren die Fischer zeitlich nicht mehr in der Lage, ihren Bedarf an Netzen selber herzustellen. Die fabrikmäßige Herstellung der Netze machte dabei besonders die großen Waden wesentlich billiger. Diese kosteten ansonsten einen so hohen Preis, dass, ähnlich wie bei den Wadbooten, oft besser gestellte Fischer und Kaufleute bei der Finanzierung einspringen mussten, die dafür am Erlös des Fangs beteiligt waren.

Die Fangergebnisse des winterlichen Hering- und Sprottfangs waren zum Teil recht hoch, sodass vor allem in frühen Jahren ein Teil der Fische als Dünger auf die Felder ausgebracht, als Viehfutter verwendet oder wieder ins Meer zurückgeworfen wurde. In Eckernförde wurden beispielsweise zwischen 1885 und 1890 jährlich etwa 350–400 000 Wall Sprotten gefangen. In einigen Jahren lag die Menge sogar noch darüber. Nicht ohne Grund sprach man von der „goldene(n) Tied“[23].

Vom eigenen Bedarf zum Direktverkauf

Je nach Wind und Wetter erreichten die Fischer morgens in der Früh den Eckernförder Hafen oder den Ellerbeker Strand. Dort angekommen, befestigte man die Boote und befüllte den Blankfisch, kleine Heringe und Sprotten durcheinander, mit langstieligen Keschern aus dem Boot in bereitstehende Körbe.

Nun wurden die Fische auf große Zähltische, auch Sortiertische genannt, geschüttet. Man ordnete die Fische nach verschiedenen Arten und zählte die Sprotten ab, die wallweise, also zu je 80 Stück, in die Fischkisten gelegt wurden. Diese Fischkisten waren in der Mitte unterteilt, sodass in jeder Hälfte etwa 10 Wall eingefüllt werden konnten. Das entsprach insgesamt 1600 Sprotten, sodass die Kiste etwa 40 Pfund Fisch enthielt. Erst ab 1912 verkaufte man die Sprotten nicht mehr nach Wall, also nach Anzahl, sondern nach Gewicht an die Fischräucherer. Sortiert und gezählt wurden die Sprotten von den Fischern. In Ellerbek fassten auch die Frauen mit an, und in Eckernförde bediente man sich extra engagierter Lohnarbeiter. Gerade bei großen Fängen kam man ohne die Hilfe zusätzlicher Arbeitskräfte gar nicht zum Ende. Allerdings mussten die Lohnarbeiter erst in den unterschiedlichen Fischarten unterwiesen werden, damit sie in der Lage waren, einen Hering von einem Sprott zu unterscheiden. Die Arbeit war mühsam und auf die Dauer monoton. Zur Abwechslung scherzten die Fischer miteinander und versuchten, einen der Zähler abzulenken, sodass dieser noch einmal mit dem Abzählen beginnen musste. An den Sortiertischen wurde, ähnlich wie beim Fischfang überhaupt, bei jedem Wetter gearbeitet. Trotz Nässe und Kälte, bei Sturm oder Schnee musste der Fang verarbeitet werden, um an die Interessenten verkauft werden zu können.

Bis in die zweite Hälfte des 19. Jahrhunderts räucherten die Fischerfamilien die angelandeten Fische meist noch selbst über dem eigenen Herd. Seit den 1870er Jahren bildeten fast

Anlanden der Sprotten

ausschließlich die Fischräuchereien die Abnehmer für die winterlichen Herings- und Sprottfänge. Die Fische wurden dann gleich nach dem Anlanden durch den freihändigen Verkauf oder in Form einer Auktion abgesetzt. In Ellerbek rief bis um 1900 ein Junge, ein Kuhhorn blasend, die Fischräucherer zu dieser Auktion an den Strand.

In Eckernförde wurden die Sprotten entweder direkt von ansässigen Fischräuchereien aufgekauft, oder aber die frischen Fische gingen mit der Eisenbahn an auswärtige Verarbeiter. Während die Ware normalerweise nach Tagespreisen bezahlt wurden, setzten einige Fischer ihre Fische zu einem festgesetzten Preis direkt an eine Fischräucherei ab. Diese Form des Verkaufs war allerdings mit dem Risiko verbunden, dass die Sprotten eventuell im Gegensatz zu einem vereinbarten Preis im Tagessatz gestiegen waren. Insgesamt war die Preiskalkulation ein recht unsicheres Geschäft. Je nach Menge und Qualität der Ware kam es an einzelnen Tagen zu massiven Preisschwankungen. Bis zur Jahrhundertwende schwankten die Preise für Sprotten beispielsweise zwischen 0,20 und 3,00 Mark pro Wall. Die Eckernförder Fischer hatten deshalb die

Verteilen der Sprotten

Abmachung getroffen, unter 20 Pfennigen pro Wall keine Sprotten zu verkaufen und nicht eher wieder auf Sprottenfang zu gehen, bis sich die Lage stabilisiert hatte.

Durch die Zollfreiheit der frischen und lebenden Fische war eine Ergänzung der eigenen Fischerei durch Zufuhren aus dem Ausland gewährleistet. Der Postdampfer aus Dänemark und Schweden brachte regelmäßig die Fänge aus dortigen Regionen nach Kiel. Auch kamen seit den 1880er Jahren Importe per Bahn aus Apenrade und Flensburg in Eckernförde und Kiel an. In Kiel wurde bis kurz nach 1900 der tägliche Fischmarkt am Fischleger beim Schuhmachertor abgehalten. Im Jahre 1903 wurde der Verkauf der Fische dann an die Kieler Schlossbrücke verlegt, bis man 1910 an die neu erbaute Fischhalle am Seegarten umzog. An diesen Stellen landeten auch die ausländischen, meist dänischen Fischer ihre Sprottenfänge an. Die Fischräucherer bezogen hier, wenn die einheimischen Fänge nicht ausreichten, die Sprotten fremder Fischer.

Entweder begaben sich die Fischräuchereibesitzer selbst zum Kauf der Fische an den Markt, oder aber sie erledigten

Fischmarkt

ihre Geschäfte über sogenannte Kommissionäre. Je nach Angebot war der Bedarf einer Räucherei nicht an einem Fischereihafen zu decken, sodass die Fischräucherer auch an anderen Plätzen ihre Aufkäufer hatten. Diese bemühten sich, von den angebotenen Fischern einen große Menge zu einem möglichst günstigen Preis zu erstehen und erhielten dafür eine Provision.

Die Entwicklung der Fischräucherei vom Familienbetrieb zum eigenen Industriezweig

Die um 1800 hergestellten Fischprodukte waren nicht ausreichend konserviert, daher dürfte der Absatz in entferntere Gebiete noch die Ausnahme gewesen sein. Die Fischräucherei in Ellerbek und Eckernförde konnte daher in dieser Zeit nur lokale Bedeutung erlangen. Erst in der Mitte des 19. Jahrhundert machten zahlreiche Faktoren eine Weiterentwicklung der Fischräucherei zum eigenen Industriezweig möglich.

Bis 1866, als mit dem Bau der Eisenbahnstrecke Altona–Hamburg begonnen wurde, blieben die Herzogtümer Schleswig und Holstein ohne direkt Schienenanbindung nach außen. Erst nach der dänischen Zeit wurde diese Isolation beseitigt und die Verbindung mit den Eisenbahnnetzen nach Dänemark im Norden und an das übrige Deutsche Reich im Süden hergestellt. Der Weg für Massentransporte war damit von dem Wasser auf die Schienen verlegt worden. Die dadurch erzielte Beschleunigung des Transports, die Unabhängigkeit von der Witterung und die Einführung fester Fahrpläne ließen die Nutzung dieses Beförderungsmittels nicht nur für den Absatz von Fischereiprodukten weiter steigen. Durch die Verkehrsanbindung Kiels fand der Standort Kiel-Ellerbek für die gewerbsmäßige Ausübung der Fischräucherei ideale Voraussetzungen. Ähnlich wie in Eckernförde war hier die Beschaffung der benötigten Rohware durch die ansässige Fischerei gegeben. Doch auch die guten Verbindungen nach Dänemark und Schweden, die die Frischfischimporte erleichterten, trugen dazu bei, dass sich hier schon in den 60er Jahren des 19. Jahrhunderts kleine Fischräuchereien entwickeln konnten, die sich von der ursprünglichen Fischerei gelöst hatten und sich ganz der Fischverarbeitung widmeten. Im Gegensatz zu Ellerbek kam es in Eckernförde erst einige Jahre später im großen Rahmen zu dieser Spezialisierung.

Schuld daran war der wesentlich spätere Anschluss der Stadt an das Schienennetz der Eisenbahn. Bis in das Jahr 1881 hinein, als die Strecke Kiel–Eckernförde mit einer Verbindung bis nach Flensburg eröffnet wurde, mussten die Produkte mit dem Fuhrwerk nach Kiel gebracht werden, wo sie, ähnlich wie die Ellerbeker Produkte, mit dem Vermerk „Kieler Sprotten“ in den Versand kamen. Erst durch die Anbindung an die Eisenbahn war auch für Eckernförde die Möglichkeit gegeben, neue Absatzgebiete zu erschließen, die Produktion beachtlich zu erhöhen und somit eine eigenständige Fischindustrie aufzubauen. Immerhin existierten hier im Jahre 1882 schon 14 Fischräuchereien. Ellerbek hatte zu dieser Zeit bereits 22 Räuchereien und damit noch die führende Stellung an der schleswig-holsteinischen Ostseeküste inne. In Flensburg fanden sich damals fünf, in Kappeln vier und in Schleswig drei Fischräuchereien.

Schon dieser Zeit hatte sich der gute Ruf der Ellerbeker und Eckernförder Räucherwaren, speziell der Bücklinge und Sprotten, unter dem Namen Kiels weit verbreitet und als Handelsbezeichnung für qualitätvolle Ware eingebürgert. Nach 1871 könnte sich die Werbung durch den Namen des im ganzen Reich bekannten und in der Presse verfolgten Kriegshafens positiv und absatzfördernd auf die Fischprodukte ausgewirkt haben.

Das Loslösen der Fischverarbeitung aus dem handwerklichen Stadium und ihre Entwicklung zu einem eigenständigen Industriezweig brachten für die Fischräuchereibesitzer und Fischhändler einen gewissen Wohlstand mit sich. Nicht umsonst hieß es: „In Eckernförd dor hebbt se’ ’t rut, ut Sülver Gold to maken“[24].

Der bedeutende Absatz der durch den Räucherprozess von der silbrigen Rohware in goldene Räucherprodukte verwandelten „Kieler Sprotten“ stand bildlich für diese Entwicklung. In Ellerbek nahm das zahlenmäßige Wachstum der Fischräuchereien einen raschen Verlauf. Bis zum Jahre 1897 siedelten sich hier 34 Betriebe an. Diese entwickelten sich,

Annonce der Fischräucherei Theede aus Ellerbek von 1904

Das Räuchern der Sprotten über dem eigenen Herd

ähnlich wie in Eckernförde, teilweise zu bedeutenden Produktionsstätten. In der Entwicklung der Fischräuchereibetriebe, die häufig über Generationen hinweg im Besitz einer Familie blieben, zeigte sich auch der Einstieg der Frau ins Erwerbsleben. So stellten die Räuchereien erste Frauenarbeitsplätze im Bereich der Produktion. Auch kam es manchmal dazu, dass die Ehefrau nach dem Tod des Mannes die Fischräucherei oder das Fischhandelsgeschäft als rechtmäßige Inhaberin weiterführte.

In Eckernförde gab es um 1900 ebenfalls 30 Fischräuchereien. Von den Häusern im Stadtgebiet waren im Jahre 1910 immerhin 13,75 % in Besitz von Fischern, Fischhändlern oder Fischräuchereiinhabern. Zum Teil waren sogar mehrere Gebäude im Besitz einer Person. Ihre Häuser lagen vor allem im traditionellen Fischerviertel der Fischerstraße, Hinterstraße, Jungfernstieg und Kattsund.

Da die Fischhändler und Fischexportgeschäfte der Stadt Kiel ihre Ware aus den Fischverarbeitungsbetrieben Ellerbeks bezogen, nahm man sich hier erst später der eigenen Räucherei an. Im Jahr 1880 wurden die beiden ersten Fischräuchereien im Kieler Stadtgebiet eingerichtet. Erst ab 1894 stieg die Anzahl der Produktionsplätze, die verstreut inmitten der Stadt lagen. Bis zum Jahre 1902 wuchs die Zahl der Betriebe auf sieben an.

Neben den größeren Verarbeitungsstätten blieben viele Familienbetriebe in kleinem Format bestehen, und somit liefen beide Formen der Fischräucherei nebeneinander. Wer jedoch konkurrenzfähig bleiben wollte, musste seine Produktion der Marktsituation anpassen und die Fischverarbeitung in großem Rahmen betreiben.

G. Arnould, „Das Räuchern der Bücklinge in Ellerbek“ (um 1878)

Aus Silber wird Gold: Vom frischen Fisch zur „Kieler Sprotte"

Das Vorbereiten der Fische

Nachdem die frische Ware mit Lastkarren oder Fuhrwerken von den Auktionsplätzen oder dem Bahnhof zur Fischräucherei gebracht und dort abgeladen worden war, brachte man die Fischkisten in den Aufsteckraum, um die Sprotten für den Räucherprozess vorzubereiten. Die Fische wurden zuerst mit Wasser gereinigt. Man entfernte alle Stoffe, die das fertige Produkt im Aussehen, Geschmack und in der Haltbarkeit herabgesetzt hätten. Dabei handelte es sich vor allem um die schleimige Schutzschicht der Fischhaut und die Schuppen sowie um beim Verladen hinzugekommenen Schmutz oder Sand. Für den Räucherprozess war nur absolut qualitätvolle Ware geeignet. Minderwertige und auch ältere Fische gaben den fertigen Fabrikaten einen tranigen Geschmack. Die gesäuberten und oft kurz gesalzenen Fische wurden auf einen

Das Aufziehen der Sprotten (vor 1900)

Aufsteckraum (nach 1900)

breiten Tisch geschüttet, dessen vertiefter Innenraum eine Mulde bildete. Nun wurden die Sprotten auf lange Stäbe, sogenannte Spitten, aus Eisen oder Holz aufgezogen.

Es erforderte viel Fingerfertigkeit, die Spitten den Fischen durch das Maul und die Kiemen zu ziehen. Zwischen den aufgespitteten Sprotten, die dicht beieinander hingen, musste genau ein Fingerbreit Platz sein, damit die Fische während des Räucherprozesses nicht aneinander klebten. Nachdem die Fische aufgezogen waren, wurden sie daher auseinandergezogen („gezottelt"). Etwa 15 bis 18 Spitten mit den darauf aufgezogenen Sprotten wurden zusammen in spezielle Rahmen eingehängt. Mehrere dieser Rahmen wurden dann auf große Gestelle geschoben, damit die Fische abtropfen konnten.

Während das Aufstecken der Sprotten in den Anfangsjahren der Fischräucherei am Strand unter freiem Himmel stattfand, wo man die Rahmen mit den Sprotten auch noch eine Zeit lang in der Sonne stehen ließ, damit sie trockneten, wurden bei den neu errichteten Großräuchereien mit einem eigenen Aufsteckraum die Rahmen zum Räuchern direkt in die Öfen eingehängt.

Das Räucherverfahren

Bei der Räucherung der Sprotten handelte es sich um das sogenannte Heißräucherverfahren. Die rohe, leicht vorgesalzene Ware wurde bei großer Hitze in relativ kurzer Zeit durch die Rauchgase getrocknet, gar gemacht und imprägniert. Dem Trocknungsvorgang kam dabei eine große Bedeutung zu, da die Fische noch ihren ursprünglichen Wassergehalt besaßen.

Seit der Jahrhundertwende bürgerten sich für diese Form der Verarbeitung an allen großen Fischverarbeitungsstandorten der schleswig-holsteinischen Ostseeküste große und modernisierte Räucherungsanlagen ein. Diese sogenannten Altonaer-Öfen steigerten die Leistungsfähigkeit der Betriebe, und die Arbeitsbedingungen wurden durch die neue Produktionsform wesentlich verbessert.

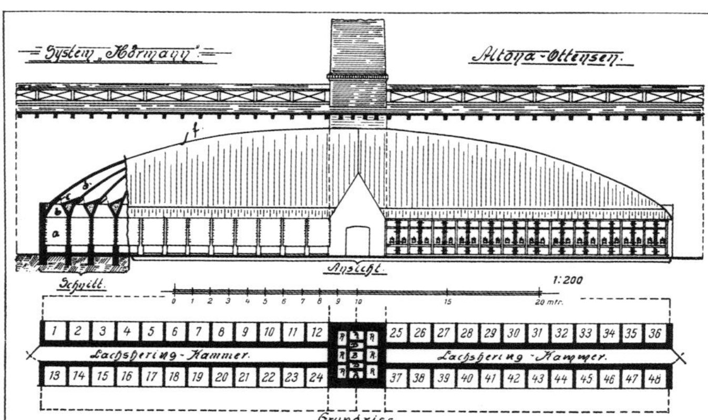

Fig. 28. Moderne Räucherei (System Hörmann).

Altonaer-Öfen

Arbeit an den Altonaer-Öfen

Für den Bau von Räucherkammern war eine polizeiliche Genehmigung einzuholen und das Einhalten der jeweils gültigen Bauordnung zu beachten. Gerade für die Anlage einer gewerblichen Großräucherei waren zahlreiche Vorschriften vorhanden, die die Dicke der Wände, Decken und Fußböden, das Material des Dachs u. Ä. regelten. Die Schornsteine der Altonaer-Öfen durften oft nicht unter 30 bis 40 Metern liegen, um eine Brandgefahr für umliegende Gebäude und eine Belästigung der Anwohner durch Rauch möglichst weitgehend einzuschränken. Besonders in den früheren Jahren war es ein charakteristisches Zeichen gewesen, dass Ellerbek und Eckernförde an Wintertagen, wenn die großen Herings- und Sprottfänge zur Verarbeitung kamen, in einer dichten Rauchwolke verschwanden. Fanden Reisende in Kiel diesen Anblick über die Förde zum eingehüllten Fischerdorf idyllisch, so bedeutete der Qualm für die Anwohner eine fast tägliche Belästigung und Gesundheitsgefährdung.

Von den Arbeitern wurden die Spitten mit den aufgezogenen Sprotten in die vorbereiteten Öfen eingehängt. Unter ständiger Aufsicht des Räuchermeisters wurden die Sprotten bei etwa 80 bis 90 Grad Celsius gar gemacht und anschließend bei mäßiger Temperatur und verstärktem Rauchgeben geräuchert. Durch die Zugabe von Erlenholzspänen erreichte die Hautschicht der Kieler Sprotten ihre berühmte goldgelbe Farbe. Einen Teil des dafür benötigten Holzes erwarben die Ellerbeker Räucherer von den Kieler Schiffswerfen. Der größere Teil wurde, ähnlich wie in Eckernförde, von den umliegenden Gutsbezirken bezogen. Der Räuchervorgang selbst dauerte bei den Sprotten ca. eineinhalb bis zwei Stunden, wobei die Rahmen mehrmals aus dem Ofen genommen, dann umgedreht und wieder hineingeschoben werden mussten, damit eine gleichmäßige Räucherung gewährleistet war.

Die Arbeitsbedingungen

Bis zum Ersten Weltkrieg blieb der Betrieb der Fischräucherei ein reines Saisongeschäft, das nicht nur jahreszeitlichen, sondern auch täglichen Schwankungen unterworfen war. Die eigentliche Saison bildeten die Herbst-, Winter- und Frühjahrsmonate, während die Produktionsstätte den Sommer über still lag. Doch auch das tägliche Arbeitspensum war nie eindeutig vorhersehbar, da es sich nach der Menge des angelandeten und angekauften Fisches richtete. Kamen große Massenfänge auf den Markt, mussten in den Fischräuchereien so viele Schichten geräuchert werden, bis die Mengen verarbeitet waren. Waren an anderen Tagen die Fänge oder Importe schlecht, kam es vor, dass die Arbeitszeit schon nach einem halben Tag beendet war. Regelmäßige Arbeitszeiten gab es daher für die Fischräucherer und Aufsteckfrauen kaum, und auch Freizeit und Lohn richteten sich ganz nach der jeweiligen Produktionsmenge. Im Allgemeinen begann der Arbeitstag um sechs Uhr in der Früh und endete, je nach

Verarbeitungsmenge, meist nicht vor 22 Uhr. In dieser Arbeitszeit, die bis zu 14/16 Stunden dauern konnte, blieb den Männern und Frauen oft nur eine einstündige Mittagspause. Während dieser Pause ging ein Teil der Frauen nach Hause, um dort nach dem Rechten zu sehen. Zur Kaffee- und Abendbrotzeit wurde einigen von ihnen eine kleine Mahlzeit von ihren Kindern vorbeigebracht. An den Sonnabenden und an den Vorabenden der Feiertage wurde in der Regel ebenfalls gearbeitet. Solche Arbeitsbedingungen führten u. a. im September 1905 in Schlutup zu Arbeitskämpfen der Fischindustriearbeiter.

Erst mit der Änderung der Gewerbeordnung vom 25. November 1909, die zum 1. Januar 1910 in Kraft trat und bis zum 31. Dezember 1919 gültig war, wurden für Betriebe zum Räuchern oder Marinieren von Seefischen mit mehr als zehn angestellten Personen einige Sonderbestimmungen für die Beschäftigung von Arbeiterinnen erlassen. Durch den § 137 der Gewerbeordnung war die Arbeitszeit an Werktagen auf die Zeit zwischen sechs Uhr am Morgen und acht Uhr am Abend sowie an Vorabenden von Sonn- und Feiertagen auf die Zeit bis fünf Uhr am Abend beschränkt. Eigentlich sollte nicht mehr als zehn Stunden täglich, an den Sonn- und Feiertagen nicht länger als acht Stunden gearbeitet werden. Neben der einstündigen Mittagspause durften Frauen, die einen eigenen Haushalt mitzuversorgen hatten, außerdem auf Antrag eine halbe Stunde länger Pause gewährt werden. Ob dieses Angebot genutzt wurde, lässt sich allerdings nicht nachweisen.

Ferner durften die Arbeiterinnen vor und nach ihrer Niederkunft, im ganzen acht Wochen, nicht beschäftigt werden. Bei Wiederantritt musste ein Ausweis vorgelegt werden, dass seit der Geburt sechs Wochen verflossen waren. Durch eine Änderung vom 25. November 1909 kamen für die Arbeiterinnen in Fischräuchereien, die über 16 Jahre alt waren, einige Sonderregelungen zugunsten der Betriebe zustande. Auch Überarbeit zu Reinigungszwecken fiel nicht in die reguläre

Arbeitszeit, sodass dadurch wie schon früher in der Realität 14 Stunden am Tag gearbeitet wurde. Bei Anlieferung der Ware direkt vom Fischer durfte mit der Beschäftigung schon vor sechs Uhr am Morgen begonnen werden. Zusätzlich war die Sonntagsarbeit in den Fischräuchereien während der Zeit vom 15. September bis zum 15. Mai, ausgenommen an acht Sonntagen in dieser Zeit, immer noch zugelassen. Im ganzen hatte sich also bis zum Ersten Weltkrieg an der Situation der Beschäftigten nichts wesentlich geändert.

Der saisonale Arbeitsanfall bedingte einen großen Unterschied hinsichtlich der Anstellung der einzelnen Mitarbeiter. Die Arbeit an den Räucheröfen, die sowohl lange Erfahrung, als auch fachliche Kenntnisse und körperliche Kräfte erforderte, wurde ausschließlich von festangestellten männlichen Personen ausgeführt. Diese verblieben meist ihr ganzes Erwerbsleben in einem Betrieb. Oftmals arbeiteten sie sich vom Nageljungen, der für das Zunageln der mit den fertig geräucherten Produkten bepackten Kisten zuständig war, bis zum Räucherlehrling und später zum Vorarbeiter oder Räuchermeister hoch. Geeignete Arbeiter wurden einem Räucherer auf unbestimmte Lehrzeit als Handlanger zur Seite gestellt. Da von dem Räucherer ein Großteil der Qualität der fertigen Ware abhing, war man bestrebt, ihn durch die Festanstellung im Betrieb zu halten. In den Adressbüchern sind jedoch im Gegensatz zu den zahlreichen Fischräuchereibesitzern nur wenige Räucherer aufgeführt. Es ist daher anzunehmen, dass noch ein Großteil der Besitzer selber an den Öfen stand.

In der Regel wurden in der Zeit, in der die Produktion so gut wie still lag, zumindest der Räucherer und einige andere männliche Arbeitskräfte in Anstellung gehalten, um dadurch Transport- oder andere Arbeiten wie z. B. die Holzvorbereitung, sicherzustellen.

Die Aufsteck- und Packarbeit der Frauen war eine einfache, wenn auch mühselige und monotone Tätigkeit, so dass die Frauen leichter ersetzbar waren. Ihre Anstellung erfolge daher oft nur saisonweise, von einigen Stammarbeiterinnen

Personal der Eckernförder Fischräucherei Baasch und Schulze

abgesehen. Diese übernahmen in der Hauptsaison die Rolle der Vorarbeiterinnen. Da es in der Kaiserzeit, in der sich die Erwerbsarbeit der Frau hauptsächlich auf häusliche Dienste beschränkte, an eigentlichen Frauenarbeitsplätzen in den sich entwickelnden Industrien mangelte, waren Fisch- und Elektroindustrie einige der Möglichkeiten für weibliche Erwerbstätigkeit in Kiel und Eckernförde. Die Frauen stellten für diese Produktionszweige unqualifizierte und damit billige Arbeitskräfte dar. Mit der Zunahme der Massenanfertigung von Räucherartikeln für den Versand nach 1900 und dem damit verbundenen Verlust des handwerklichen Charakters dieses Gewerbes eröffnete sich für arbeitsuchende verheiratete Frauen ein saisonales Betätigungsfeld. Durch die wirtschaftliche Not waren sie gezwungen, durch eigene Erwerbstätigkeit die finanzielle Seite der Familie zu unterstützen. Vermittelt wurden die Frauen in späteren Jahren oftmals unter Zwang von der Arbeitsstellenvermittlung, denn der Ruf von Schmutz und Gestank in der Fischindustrie schreckte viele von ihnen ab. Nicht ohne Grund war noch bis zum Ende der

Weimarer Zeit der Ausspruch geläufig „ohne Not geht niemand zu den Fischen“[25].

Während die festangestellten Räucherer einen Tageslohn oder ein Monatsgehalt erhielten, mussten sich die Frauen ihren Lohn je nach Menge der Fische in Akkordarbeit verdienen. Leider gaben die vorliegenden Quellen keine vergleichbaren Angaben über die Löhne der Aufsteckfrauen und Räucherer in Eckernförde oder Ellerbek in der Kaiserzeit her. In Schlutup betrug der tägliche Lohn einer Aufsteckfrau für eine Arbeitszeit von 12 Stunden im Herbst 1908 täglich 1,50, im Herbst 1910 täglich 1,65 Reichsmark.

Die Tätigkeit der Frauen, die nebenbei noch den eigenen Haushalt zu bewältigen hatten, war überaus anstrengend. Besonders das lange Stehen an den Aufstecktischen, die nassen Hände und die ständige Kälte machte den Frauen zu schaffen. Erschöpfungszustände, Erkältungen durch Nässe, Zugluft und ungenügende Arbeitskleidung, Bindehautentzündungen durch den ständigen Qualm sowie Unfälle bedingt durch den glitschigen Boden dürften, wie für Schlutup für die 1930er Jahre nachgewiesen, auch in den Räuchereien von Eckernförde und Ellerbek nicht unbekannt gewesen sein. Besonders im Winter war die Kälte ein Problem, da die Aufsteckräume nicht geheizt waren. Oftmals nahmen sich die Frauen Glut aus den Öfen, die sie in kleine Heizer gaben, um diese zwischen die Beine unter die langen Röcke zu stellen.

Arbeitsschutzmittel wie Schutzhandschuhe oder wasserdichte Schürzen standen damals noch nicht zu Verfügung. Auch wurde die Kleidung nicht vom Betrieb bereitgestellt. Dafür hatten die Beschäftigten selber zu sorgen.

Mehr noch als die Aufspitterinnen waren die an den Öfen tätigen Männer dem ständigen Qualm ausgesetzt. Erkrankungen im Lungenbereich wie beispielsweise Asthma, traten in dieser Personengruppe daher häufiger auf. Ihre Arbeit war zudem mit körperlicher Kraft verbunden. Insbesondere das Holzhacken, die Beförderung der Sprottenkisten zur Räucherei mit dem damit verbundenen Auf- und Abladen, das

Bestücken der Räucheröfen mit den Rahmen, in denen die aufgezogenen Sprotten hingen, sowie der Transport der Kisten mit der fertigen Ware zu den Versand- und Verkaufsstellen bedeutete eine schwere Belastung für den menschlichen Körper.

Das Verpacken des fertigen Produktes

Die Haltbarkeit der heißgeräucherten Fische war relativ gering, weil in ihrem Innern trotz der hohen Temperaturen keine völlige Keimfreiheit erreicht wurde. Bei den Sprotten wurden zudem die Eingeweide und Gräten nicht entfernt. Die Qualität der Ware hing nicht nur von der Verwendung allerfeinster und frischerster Rohware, sondern auch von der Arbeitsweise ab. So trug auch das ausreichende Abkühlen der geräucherten Sprotten nach dem Räuchervorgang zur Haltbarkeit bei. Die Rahmen mit den fertigen Sprotten wurden aus dem Ofen genommen und zum Auskühlen in bereitstehende Gestelle eingehängt. Nach einiger Zeit waren die Sprotten genügend abgekühlt und konnten verpackt werden. Dazu brachten die Knechte die Gestelle in den eigens eingerichteten Packraum. Hier nahmen die Frauen die einzelnen Spitten aus den Rahmen und schoben die Sprotten direkt in bereitstehende, mit fettdichtem Pergamentpapier ausgelegte Holzkisten. Indem sie die Spitten mit der einen Hand an einem Ende festhielten und mit der anderen Hand die geräucherten Fische vorsichtig von den Stäben herunterzogen, konnten mehrere Fische auf einmal abgezogen werden. Während andere Fischprodukte, wie beispielsweise der Bückling, auch in Körben zum Versand kamen, wurden die Sprotten ausschließlich in Holzkisten verpackt.

Die Holzkisten wurden in den kleineren Betrieben selbst hergestellt. Die in der Umgebung von Kiel und Eckernförde ansässigen Sägemühlen lieferten den Räuchereien die vorgeschnittenen Holzleisten. Oftmals nagelten Kinder die Latten

Packraum

in den Räumen der Räucherei, manchmal auch in Heimarbeit, zusammen. Mit dem Ausweiten der Produktion und damit der massenhaften Verarbeitung der Heringe und Sprotten kam es dazu, dass die Kisten, die in unterschiedlichen Größen benötigt wurden, in speziellen Sägereien hergestellt wurden. In Kiel bot die Sägemühle J. H. Lafrenz in der Friedrichstraße 6 seit dem Jahre 1869 Fischkisten in ihren Anzeigen in den Kieler Adressbüchern an. Auch in Ellerbek gab es eine eigene Fischkistenfabrik. Die Fischräuchereien Eckernfördes wurden von zwei Dampfsägereien, die am Rande der Stadt lagen, mit fertigen Kisten beliefert.

Die von den Frauen mit geräucherten Sprotten vollbepackten Kisten mussten mit einem Deckel versehen werden. Die Nageljungs schlugen per Hand Krampen in die Holzdeckel ein und befestigten sie so auf den Kisten. Diese Arbeit musste sehr sorgfältig erledigt werden, denn für schief eingeschlagene oder verloren gegangene Krampen gab es einen Lohnabzug. Erst kurz vor dem Ersten Weltkrieg kamen in den Räuchereien speziell entwickelte Nagelmaschinen zum Einsatz, durch die diese Arbeit rationalisiert wurde.

Für den Versand mit der Post reichte das alleinige Auslegen der Holzkisten mit Pergamentpapier nicht aus. Hier waren zum Schutz für andere Pakete Sonderauflagen zu erfüllen. So wurden die Päckchen zusätzlich mit einer Schicht aus Pack-, Pergamin- und drei bis vier Bogen Strohpapier eingeschlagen. Eine Besonderheit war der von den Fischräuchereien angebotene Service, auf Wunsch „Kieler Sprotten“ in Präsentkistchen als Geschenk zu verschicken. Gerade in der Vorweihnachtszeit wurden fast täglich solche Annoncen in der Kieler Zeitung von mehreren Anbietern aufgegeben. Die Fischräuchereien übernahmen für die Kunden nicht nur die spezielle Verpackung, sondern auch den Versand an eine bestimmte Adresse. Auf den fertig bepackten, vernagelten und eingewickelten Sprottenkisten wurde zuletzt ein Adressaufkleber angebracht. Anschließend wurden sie zu den Geschäften, der Post oder der Eisenbahnstation gebracht.

Eckernförder Nageljungs

Verkauf und Versandgeschäft

Der Handel mit geräucherten Fischen unterlag einigen Schwierigkeiten. Die unregelmäßige Anfuhr der Rohware, die zu Preisschwankungen von einem Tag auf den anderen von über 50 % führen konnten, und ihre Verderblichkeit, ließen auch die Preise für das fertige Fabrikat ständig schwanken. Da die geräucherten Sprotten nur einer begrenzten Haltbarkeitsdauer unterlagen, war ein schneller Absatz von entscheidender Wichtigkeit. Die Möglichkeit der Lagerung auf Vorrat bestand daher weder für die Räucherer noch für die Händler. Die fertigen Produkte mussten vor der Sonne und anderen Hitzeeinwirkungen geschützt werden. Am günstigsten war eine kühle und trockene Aufbewahrung. Allerdings eigneten sich die Sprottenkisten nicht dazu, durch Eispackungen kühl gehalten zu werden, da die Feuchtigkeit bei den geräucherten Fischen eine Schimmelbildung hervorrief. Auch musste bei den gestapelten Kisten darauf geachtet werden, dass eine Luftzirkulation zwischen den Kisten möglich war.

Verkaufsbuden der Fischräuchereien in Kiel um 1900

Verkaufsbuden der Fischräuchereien in Kiel um 1900

Für diese Art leicht verderblichen Lebensmittels kam daher nur der Verkauf in Frage, der so schnell wie möglich vonstatten ging.

Ein kleinerer Teil der Fischprodukte kam auf dem Markt zum Verkauf. In Kiel unterhielten die größeren Räuchereien ihren eigenen Stand beim Fischleger am Wall, von wo aus „am Nachmittag und Abend die noch warmen, leckeren Sprotten, Bücklinge, Aale und Makrelen, frisch aus dem Rauch, verkauft wurden.“[26]

Im Jahr 1903 wurde der Fischmarkt vom Fischleger am Wall an die Schlossbrücke verlegt, da der alte Platz für den Ausbau des Innenhafens benötigt wurde und von den Anwohnern immer wieder der schlechte Zustand des Fischmarktes als nicht mehr zeitgemäß und wenig appetitlich gerügt worden war. Die Stadt projektierte daher den Bau einer Fischverkaufshalle bei den Seegartenbrücken. Im Jahr 1910 wurde die nach den Plänen des Architekten Georg Pauly erbaute Fischhalle eröffnet. Sie blieb bis zur Verlagerung des Fischhandels in den Seefischmarkt an der Schwentinemündung im Jahre 1948 in Betrieb.

Inwieweit der Hausier- und Straßenhandel, der beim Verkauf frischer Fische eine bedeutende Rolle spielte, auch für den Verkauf von Fischprodukten wie den „Kieler Sprotten“

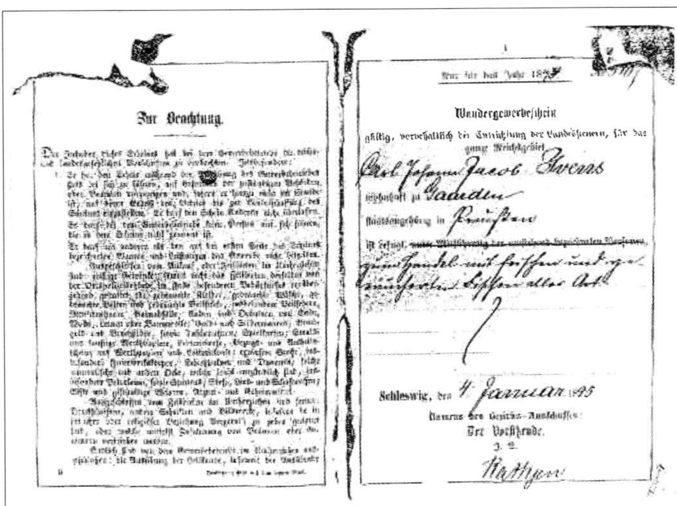
Zur Beachtung.

Wandergewerbeschein

Schleswig, den 4. Januar 1895

Der Vorsitzende.

Gewerbeschein von Carl Johann Jacob Ivens vom 4. Januar 1895

zum Tragen kam, ist anhand der vorliegenden Quellen nicht abschätzbar.

Seit dem Jahr 1867 hatten sich in Kiel eigene Fischhandlungen entwickelt. In den ersten Jahren übernahmen diese Geschäfte zum Teil recht unterschiedliche Aufgaben. Die Fischhandlung von E. Hosmann in der Schumacherstraße 36 fand beispielsweise als „Colonialwaarenhandlung, Commissionslager der Flensburger Eisengießerei von Dittmann & Brix, Versand geräucherter Fische“ im Kieler Adressbuch ihren Eintrag. In den folgenden Jahren entwickelten sich aus diesen Geschäften in zunehmenden Maße reine Fischspezialgeschäfte. Der Aufschwung des Handels mit Fischprodukten zeigte sich auch darin, dass dieser seit dem Jahre 1886 in die Geschäftsformen „Fischhandlungen“ und „Fischexportgeschäfte“ unterteilt wurde. Nicht selten unterhielten die Räuchereien auch eigene Ladengeschäfte in der Stadt. Die Fischräucherei J. Möllgaard, die in der Hafenstraße 23 lag, unterhielt im Jahre 1910 Filialen für den Versand der eigenen Produkte in der Koldingstraße 27, in der Annenstraße 79 und im Sophienblatt 37/39. Einige Artikel wie die „Kieler Sprotten“ kamen außerdem in Delikatessgeschäften zum Verkauf.

Alteingesessene Fischhändler kamen durch das Anwachsen des Fischgeschäfts, besonders durch den Versand geräucherter und seit den 1880er Jahren auch marinierter Fische, zu Wohlstand und sozialem Ansehen. So konnte sich in Kiel der seit 1892 im Fischhandelsgeschäft tätige Carl Möller im Jahre 1894 ein Sommerhaus mit Garten-Pavillon im Düsternbrooker Weg zulegen. Und Julius Schmidt, der im Jahre 1867 noch ein „Commissions-, Speditions-, Schiffsbefrachtungs- und Clarierungs- sowie Fischexportgeschäft“ am Wall 32 betrieb, hatte sich im Jahr 1880 als Groß- und Exporthandlung für geräucherte und frische Fische sowie Konserven in der Friedenstraße 26 spezialisiert. Seit dem Jahr 1890 wurde er als Stadtverordneter tätig und seit 1894 ist er als Stadtrat aufgeführt. Im Jahr 1904 besaßen dann fast alle alteingesessenen Fischgeschäftsinhaber ein Haus im Kieler Stadtgebiet. Oft

Ellerbeker Fischräucherfamilie

war es das Haus, in dem auch der Laden lag und in dem sie mit ihrer Familie wohnten.

Seit den 1870er Jahren ging mit der Verbesserung der Transportmöglichkeiten durch die Anbindung Kiels an das Schienennetz des übrigen Deutschen Reiches der Großteil der geräucherten Sprotten und Heringe Ellerbeks und Eckernfördes in den Versand.

Der Versand der geräucherten Fischprodukte per Eisenbahn nahm nach dem 1. April 1899 noch an Bedeutung zu. Seitdem konnten diese Produkte, wie schon einige Jahre zuvor die frischen Seefische, als Eilgut zu Frachtsätzen transportiert werden. Lag das Geschäft mit den Räucherfischen im Binnenland vor dieser Zeit vor allem in den Händen von Großfirmen, so konnten durch diese Transporterleichterung auch Verbraucher, die nur kleine Mengen bestellten, direkt und schnell beliefert werden. Der Weg vom Produzenten zum Konsumenten verkürzte sich dadurch beachtlich, was sich nur positiv auf die Qualität der Ware auswirken konnte. Der Absatz per Bahn entwickelte sich zu bedeutenden Ausmaßen. Im Jahr 1897 wurden beispielsweise von Eckernförde aus 1 218 858 Kilo geräucherter Hering zu durchschnittlich 50 Pfennigen das Kilo und etwa 452 157 Kilo geräucherte Sprotten zu 1,00 Mark je Kilo per Bahn verschickt. „De Sprotten güng'n all ünner de Markennam „Kieler Sprotten" ass Delikatess per Nachnahme in de Versand."[27]

Durch die starke Konkurrenz der Fischräuchereien an den großen Verarbeitungsplätzen Altona, Eckernförde, Ellerbek – später auch Kiel – und Schlutup kam es oft zu einem Überangebot, da die fertige Ware auf jeden Fall losgeschlagen werden musste. Preisschleuderei war häufig die Folge. Doch nicht nur die Masse der Produkte, die abgesetzt werden musste, ließ ein scharfes Konkurrenzdenken aufkommen. Die gute Qualität der Ellerbeker und Eckernförder Räucherwaren hatte für eine ausgezeichneten Ruf dieser Produkte gesorgt. Unternehmer an anderen Verarbeitungsplätzen versuchten nicht selten, sich an diese Werbung anzuhängen. Ein großer Teil Elbsprotten, der in den Fischverarbeitungsbetrieben Altonas geräuchert wurde, kam unter dem Namen „Kieler Sprotten" in den Handel. Richtige Kenner vermochten diesen Schwindel jedoch sehr wohl am Geschmack zu unterscheiden.

Versandraum

Für den Versand kleinerer Einheiten von „Kieler Sprotten" spielte auch der Postversand eine bedeutende Rolle. Die Pakete kosteten bei einem Gewicht bis zu 5 Kilogramm für die Zustellung ins Binnenland oder nach Österreich-Ungarn 50 Pfennige Porto. Zwar liegt für den Vergleich der einzelnen Verarbeitungsplätze keine amtliche Statistik vor, so dass Angaben über den Umfang des Versandes schwer zu machen sind. Anhand der Berichte der Handelskammer Kiel lässt sich jedoch das ungefähre Ausmaß dieser Versendungsart deutlich machen. So ging im Jahr 1886 eine Anzahl von 191 014 Päckchen mit einem Wert von 647 386 Mark von Kiel aus auf den Weg. Im Jahre 1898 wurden dann allein von Eckernförde aus 230 000 Pakete mit der Post verschickt, was einem Gesamtgewicht von 103 500 Kilo entspricht und einen Wert von 500 000 Mark ergab. Insgesamt erfuhr der Versand der Räucherfische bis zum Ersten Weltkrieg einen enormen Aufschwung.

Die „Kieler Sprotten" eroberten sich so im Laufe der Jahre ein umfangreiches Absatzgebiet. Neben den Regionen des

Deutschen Reiches wie Bayern, Halle und Leipzig, wurden sie auch in das nähere Ausland, Österreich-Ungarn, Rumänien, Belgien, Frankreich, Italien und die Schweiz sowie nach England und bis nach Russland, mitunter sogar an überseeische Plätze, wie beispielsweise New-York und Chicago verschickt. In der Regel erreichten die Produkte, die mit dem Abendzug am Tag ihrer Verarbeitung zum Versand kamen, am nächsten Vormittag Berlin, das Rheinland, Westfalen und Sachsen. Am folgenden Vormittag waren sie dann in München und Basel und am dritten Tag in Wien, sodass die Fische bei günstiger Lagerung noch in gutem Zustand auch im Ausland ankamen. Der Absatz der „Kieler Sprotten" in weiter entfernt gelegene Gebiete und bis nach Übersee dürfte allerdings nur dadurch möglich gewesen sein, dass man die Produkte, ähnlich den marinierten Fischen, in Dosen luftdicht verpackte. Auf diesem Wege wurden die „Kieler Sprotten" sogar in Amerika bekannt.

Leider lässt sich anhand des vorhandenen Quellenmaterials bis auf die zeitgenössische Aussage, dass „Kieler Sprott (...) im Inlande von Feinschmeckern geschätzt"[28] waren, wenig darüber sagen, welche Personengruppen im Binnen- oder Ausland diese Ware gekauft haben. Die Produktion der „Kieler Sprotten" sowie die der Fischräuchereiartikel allgemein nahm jedoch bis zum Ersten Weltkrieg in Eckernförde und Ellerbek – bzw. später Kiel – infolge der wachsenden Popularität der Fischwaren bedeutende Ausmaße an. Die Kieler Sprotten waren – im wahrsten Sinne des Wortes – in aller Munde. Aus Silber wurde Gold, auch in finanzieller Hinsicht.

Zur Herkunft der Bezeichnung

Dass neben den Heringen bereits im Mittelalter Sprotten mitgeräuchert wurden, ist sehr wahrscheinlich, da beide Fischarten oft zusammen ins Netz gingen. Aus dem Jahr 1696 liegt eine Mitteilung aus Holland vor, dass „In dem Rauche getrocknet (…) sie zu Sprott (werden), der ebenfalls eine besondere Güte hat und einem guten Trunk wohl schmecken tut.“[29] Die erste schriftliche Erwähnung des Begriffs „Kieler Sprotten“ scheint aus dem Jahr 1786 vorzuliegen, wo es heißt:

„Drauf kauft ich etwas kalte Kost
Und Kieler Sprott und Kuchen“[30].

Zu dieser Zeit gehörte das von den Ellerbeker Fischern im Nebenerwerb hergestellte Räucherprodukt bereits zu den Ausfuhrgütern. Im Jahr 1841 schreibt Johannes von Schröder in seiner Topographie, dass von Ellerbek aus „... besonders viele Breitlinge (…) welche hier theils geräuchert unter dem Namen Kieler Sprotten (…) verkauft (werden), (…) auch nach Kopenhagen und Hamburg und weiter hin versandt werden.“[31]

Ob der Verkauf der um 1800 in Eckernförde ebenfalls im Nebenerwerb geräucherten Fische nach Hamburg, unter denen auch Sprotten gewesen sein dürften, bereits eine Rolle spielte, lässt sich anhand der archivalischen Quellen nicht nachweisen. Ab 1844 brachten die Eckernförder ihre Räucherwaren mit dem Fuhrwerk zur Kieler Bahnstation, um sie von dort zu verschicken. Doch erst in den 1880er Jahren, nachdem auch Eckernförde an das Eisenbahnnetz angeschlossen worden war, lief die Entwicklung von Fischerei und Fischverarbeitung an beiden Produktionsstandorten praktisch parallel. Eckernförde entwickelte sich bis 1900 sogar zur führenden Fischereistation an der schleswig-holsteinischen Ostseeküste.

Wer nun der Erfinder des Produktnamens war, lässt sich nicht mehr nachweisen. Schon im Jahre 1886 wird von Georg Hoffmann in seinem Artikel *Kieler Sprotten und Bücklinge*

Straßenverkauf von „Kieler Sprotten" im 1806/07 in Hamburg

in der Gartenlaube auf diese Frage hingewiesen. Sicher ist jedoch, dass die Bezeichnung nicht erst durch den Versand der Ellerbeker und Eckernförder Räucherwaren mit der Eisenbahn von der Stadt Kiel aus aufkam, denn dieser begann erst im Jahr 1844. Und der Begriff „Kieler Sprotten“ war zu dieser Zeit schon fast sechzig Jahre lang bekannt.

Ganz unabhängig von der Entstehung des Begriffs sind Kieler Sprotten noch heute ein schmackhaftes Produkt der Region und bei Einheimischen und Urlaubern gleichermaßen beliebt.

Quellen

1 Dieses Buch beruht auf meiner Magisterarbeit im Fach Volkskunde an der Christian-Albrechts-Universität Kiel aus dem Jahr 1995. Die Arbeit erschien auf Mikrofiche unter dem Titel „Die Kieler Sprotten. Die Geschichte eines Fischereiproduktes am Beispiel der Standorte Kiel-Ellerbek und Eckernförde mit einem Schwerpunkt 1871-1914/18 und einem Ausblick in die Gegenwart“ im Verlag Hänsel-Hohenhausen, Verlag der Deutschen Hochschulschriften, Egelsbach/Frankfurt/St. Peter Port 1996, ISBN 3-8267-2273-6. Weitere Quellenangaben und Literatur siehe dort.

2 Mommsen, Theodor / Storm, Theodor / Mommsen, Tychno, Liederbuch dreier Freunde, Kiel 1843, S. 161.

3 Akten aus dem Stadtarchiv Kiel und dem Landesarchiv Schleswig, Berichten der Handelskammer, Mitteilungen des Deutschen-Seefischerei-Vereins, Artikel in den gängigen Tageszeitungen der damaligen Zeit sowie der wenigen vorhandenen Sekundärliteratur.

4 Gramm, Caeso, Chilonium. Novus Holsatiae Parnassus, Schleswig 1665, S. 71.

5 Claudius, Matthias, Asmus omnia sua Secum portans oder: Sämtliche Werke des Wandsbecker Boten (Neudruck Darmstadt 1980) 5. Teil 1786, S. 347.

6 Schleswig-Holsteinische Provinzialberichte Jg. 4, Bd. 2, Heft 5, 1790, S. 591.

7 Berkefeld, Henning, Kiel in alten und neuen Reisebeschreibungen, Düsseldorf 1992, S. 157. Ähnliches berichten Johannes von Schröder und Hermann Biernatzki in ihrer Topographie der Herzogthümer Holstein und Lauenburg, des Fürstenthums Lübeck und des Gebiets der freien und Hansestädte Hamburg und Lübeck, Bd. 1, 2. neubearbeitete Auflage, Oldenburg/Holstein 1855, S. 357.

8 Baudissin, Adelbert Graf, Schleswig-Holstein Meerumschlungen. Kriegs- und Friedensbilder aus dem Jahr 1864, Neudruck Kiel 1978, S. 279.

9 Prahl, Friedrich, Kiel und seine nächste Umgebung, Preetz 1858, S. 33, in: Frehse, Heinrich / Thomas Thode, Kiels erste Stadtführer neu an den Tag gebracht und mit Anmerkungen versehen, Kiel 1992.

10 Fack, Marx Heinrich, Kiel und seine Umgebung, Kiel 1867, S. 33, in: wie Anmerkung 9.
11 Haeseler, C. F., Kiel. Ein Führer durch die Stadt und ihre nähere Umgebung, 3. Auflage, Kiel 1878, S. 51.
12 Vgl. Anmerkung 11, S. 33.
13 Vgl. Anmerkung 11, S. 33.
14 Verkehrsverein in Kiel (Hg.), Kiel und die Kieler Förde mit 2 Plänen und zahlreichen Abbildungen, Kiel 1899, S. 10.
15 Schröder, Johannes von, Topographie des Herzogthums Schleswig, 1854, S. 115.
16 Stahmer, Max, Fischhandel und Fischindustrie, 1. Auflage, Stuttgart 1913, S. 241.
17 Staats, Reinhard (Hg.), Harmoniumsklänge über dem Exerzierplatz. Kieler Kultur vor 1900 nach Erinnerungen von Johannes Möller, Neumünster 1995, S. 28.
18 Vgl. Anmerkung 8, S. 279.
19 Mensing, Otto, Schleswig-Holsteinisches Wörterbuch (Volksausgabe) Bd. III, Neumünster 1931, Neudruck 1973, S. 107.
20 Kürtz, Jutta, Essen und Trinken. Was die Kieler Küche auftischt: Und wie man Kieler Sprotten richtig ißt, in: Kiel-Journal: Das Magazin zum Stadtjubiläum, Kiel 1991, S. 190–197, Vgl. dazu auch Kürtz, Jutta, Das Kochbuch aus Schleswig-Holstein, überarb. Und ergänzte Auflage, Münster 1986, S. 55–56.
21 Handbuch für Handel, Verkehr und Industrie der Provinz Schleswig-Holstein-Lauenburg, 2. Jahrgang, Kiel 1895, S. 10.
22 Akte des Landesarchivs Schleswig Abt. 19, Nr. 109.2.
23 Schmidt, Walter, Langballigau, Langballigholz … wie es war, 2. Auflage, Schleswig 1984, S. 117.
24 Teufel, Heinz / Christoph Rohde, Wie aus Silber Gold wurde – Blüte von Fischerei und Räucherei, S. 28, in: Dies. (Hg.), Eckernförde. Portrait einer Ostseestadt, Hamburg 1994, S. 26–35.
25 Dücker, Elisabeth von, „Ohne Not geht niemand zu den Fischen …“: Zu den Arbeitsbedingungen Altonaer Fischarbeiterinnen, S. 22, in: Museum für Arbeit (Hg.), Historische Stadtrundgänge. Altonaer Hafen – Fische & Fabriken, Hamburg 1988, S. 21–23.
26 Toll, Uta (Hg.), Anita Haagen. Eine Kindheit in Kiel vor der Jahrhundertwende, Husum 1989, S. 113.
27 Daniel, Friedrich, Een Vertäll'n von Strand, Fischerie un Rökerie

in Eckernför, S. 244, in: Jahrbuch der Heimatgemeinschaft Eckernförde 38, 1980, S. 242–247.

28 Handbuch für Handel, Verkehr und Industrie der Provinz Schleswig-Holstein-Lauenburg, 2. Jahrgang, Kiel 1895, S. 10.

29 Mitteilungen des Deutschen Seefischerei-Vereins 26, 1910, S. 158 (dort die Übersetzung eines Zitates aus M. Smallegange, Nieuwe Cronyk van Zeeland, Middelburg, Jos. Mertens 1696)

30 Vgl. Anmerkung 5, S. 347.

31 Schröder, Johannes von, Topographie des Herzogthums Holstein, des Fürstentums Lübeck und der freien Hansestädte Hamburg und Altona, 1. Teil, Oldenburg 1841, S. 167.

Abbildungsverzeichnis

Titelbild:
Berndt Kruse, Meergold – Rehbehn & Kruse GmbH, Eckernförde.

Die Heimat, Band 11, 1901: Abb. 17, 28.
Mitteilungen des Deutschen-Seefischerei-Vereins, Band 22, 1906: Abb. 8.
Siewert, F.: Ellerbeck und die Fischerei in der Kieler Bucht, 1884: Abb. 1, 9, 10
Stahmer, M., Fischhandel und Fischindustrie, 1. Auflage, Stuttgart 1913: Abb. 18–20, 22.
Staatsarchiv Hamburg: Abb. 29
Stadtarchiv Eckernförde: Abb. 21, 23
Stadtarchiv Kiel: Abb. 2–6, 7, 11–14, 24–27
Stadtmusum Kiel: Abb. 15, 16.

Inhalt